Groupe d'édition la courte échelle inc.
Division la courte échelle
4388, rue Saint-Denis, bureau 315
Montréal (Québec) H2J 2L1
www.courteechelle.com

Dépôt légal, 2022
Bibliothèque nationale du Québec

Le Groupe d'édition la courte échelle reconnaît l'aide financière du gouvernement du Canada pour ses activités d'édition. Le Groupe d'édition la courte échelle est aussi inscrit au programme de subvention globale du Conseil des arts du Canada et reçoit l'appui du gouvernement du Québec par l'intermédiaire de la SODEC.

Le Groupe d'édition la courte échelle bénéficie également du Programme de crédit d'impôt pour l'édition de livres — Gestion SODEC — du gouvernement du Québec.

Financé par le gouvernement du Canada | Canada

Catalogage avant publication de Bibliothèque et Archives nationales du Québec et Bibliothèque et Archives Canada

Titre : Les chiffres / texte et illustrations, Roger Paré.
Noms : Paré, Roger, 1929- auteur, illustrateur.
Description : Édition originale : 1986.
Identifiants : Canadiana (livre imprimé) 20220009325 | Canadiana (livre numérique) 20220009333 | ISBN 9782897745127 | ISBN 9782897745103 (EPUB) | ISBN 9782897745110 (PDF)
Vedettes-matière : RVM : Nombres—Ouvrages pour la jeunesse. | RVMGF : Documents pour la jeunesse.
Classification : LCC QA141.3.P37 2022 | CDD j513.2—dc23

À partir de 3 ans

Imprimé au Québec, Canada
I202208

LES CHIFFRES

Roger Paré

la courte échelle

Dans la tête d'**un** bouffon,
il y a souvent une chanson.

1

Deux gros rhinos sur un petit vélo,
c'est vraiment beaucoup trop.

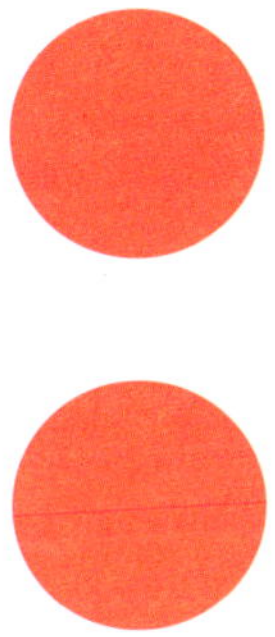

2

Aujourd'hui, je fête mes **trois** ans,
et c'est bien important.

3

Quatre chattes pleines de vie
se chamaillent avant la nuit.

4

Gaston Latreille a **cinq** orteils
qui ne sont pas tous pareils.

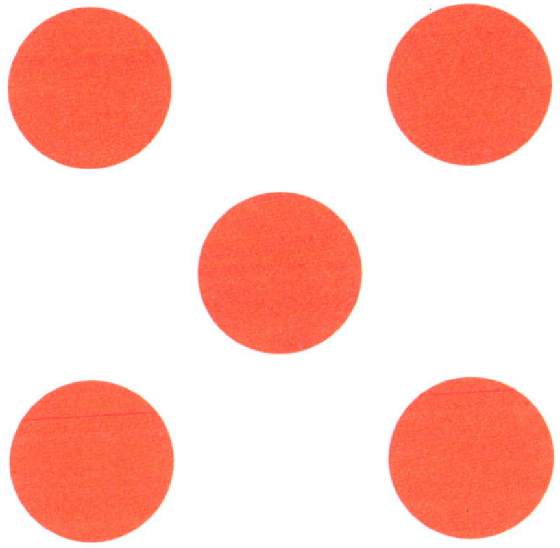

5

Chaque jour durant **six** heures,
Margot joue du saxo avec ardeur.

6

Sept poissons autour d'un hameçon
ça fait dormir monsieur Filion.

7

Le voisin a **huit** grosses fleurs qu'il arrose toujours à la même heure.

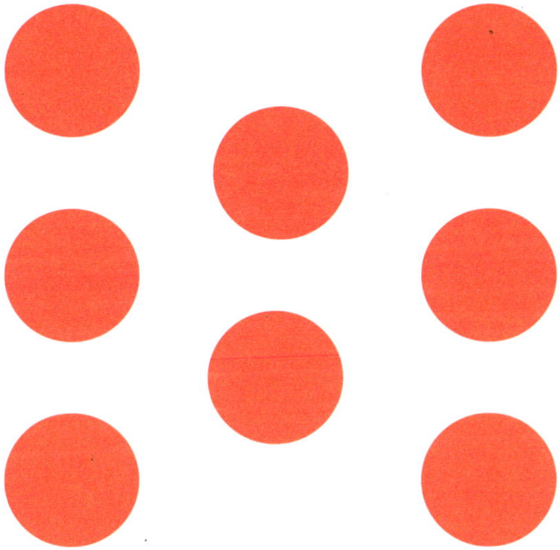

8

Neuf valises dans le train
pour le voyage d'Ours-Martin.

9

S'il y a **dix** pommes dans le pommier
c'est que l'automne est arrivé.

10

ROGER PARÉ (1929-2022)

Roger Paré est un pionnier de la littérature jeunesse au Québec. Ses œuvres espiègles et poétiques sont parmi les premières à avoir été publiées à la courte échelle et ont pavé la voie à toute une génération d'artistes. Son inoubliable série *Plaisirs* a fait le bonheur de nombreuses générations de lectrices et de lecteurs, et des milliers d'enfants québécois se sont familiarisés avec les lettres grâce à son album *L'alphabet*.

Cet illustrateur au cœur d'enfant et au talent immense a été deux fois lauréat du prestigieux prix Littérature de jeunesse du Conseil des arts du Canada. Ses livres ont été traduits un peu partout à travers le monde, des États-Unis à la Chine et du Mexique à l'Égypte, en passant par la Colombie, l'Allemagne, l'Islande, la Grèce et la Corée. L'UNICEF a sélectionné plusieurs de ses illustrations pour ses cartes de vœux. En français seulement, Roger Paré a vendu plus de 600 000 exemplaires de ses livres.